A – Z

Des mots de passe en proche

Rudi Meyer • Marc Thébault

The Onslaught Press
Saint-Germain-en-Laye
Février 2020

A	Autre
B	Bord
C	Couleur
D	Debout
E	Étendue
F	Funambule
G	Gris
H	Horizon
I	Intervalle
J	Jour
K	Kermès
L	Lien
M	Mouvement
N	Nombre
O	Objet
P	Pierre
Q	Quand
R	Reflet
S	Sculpture
T	Transparence
U	Un
V	Voûte
W	Welt
X	•
Y	Yeux
Z	Zinc

A

Autre

L'infini de l'un, décompté des autres.

B

Bord

Des bords de quai, des pas en arrière, en trait d'union.

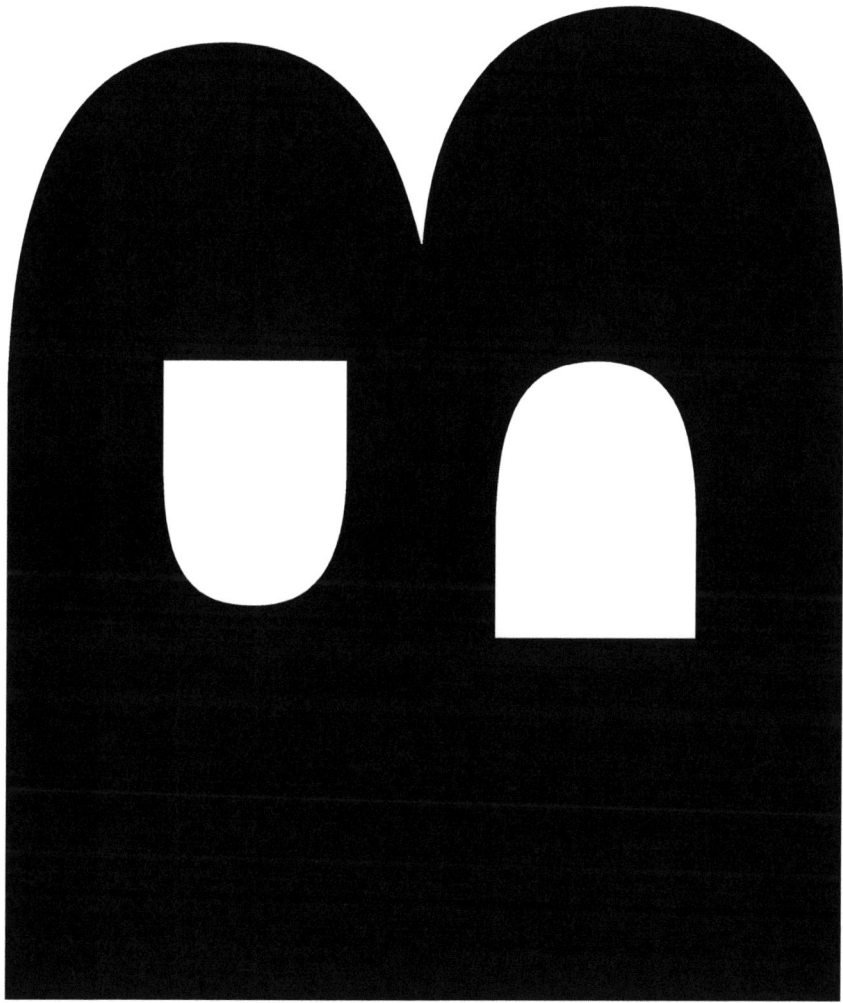

C

Couleur

Convenir d'une couleur bleue.

D

Debout

En soi, une sculpture douce, debout, dessinée, dialogique, domestique.

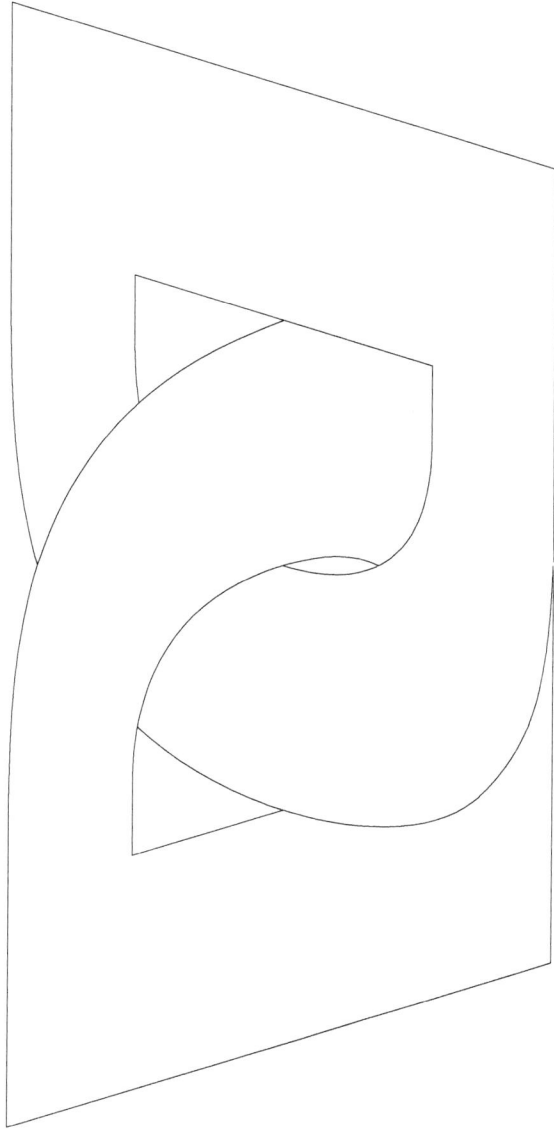

E

Étendue

Dans l'étendue de son décor, une page nue, blanche et à genou.

F

Funambule

Augmenter les cercles funambules des figures en portée.

G

Gris

Dans l'arène, les gris égrenés des granits enfouis.

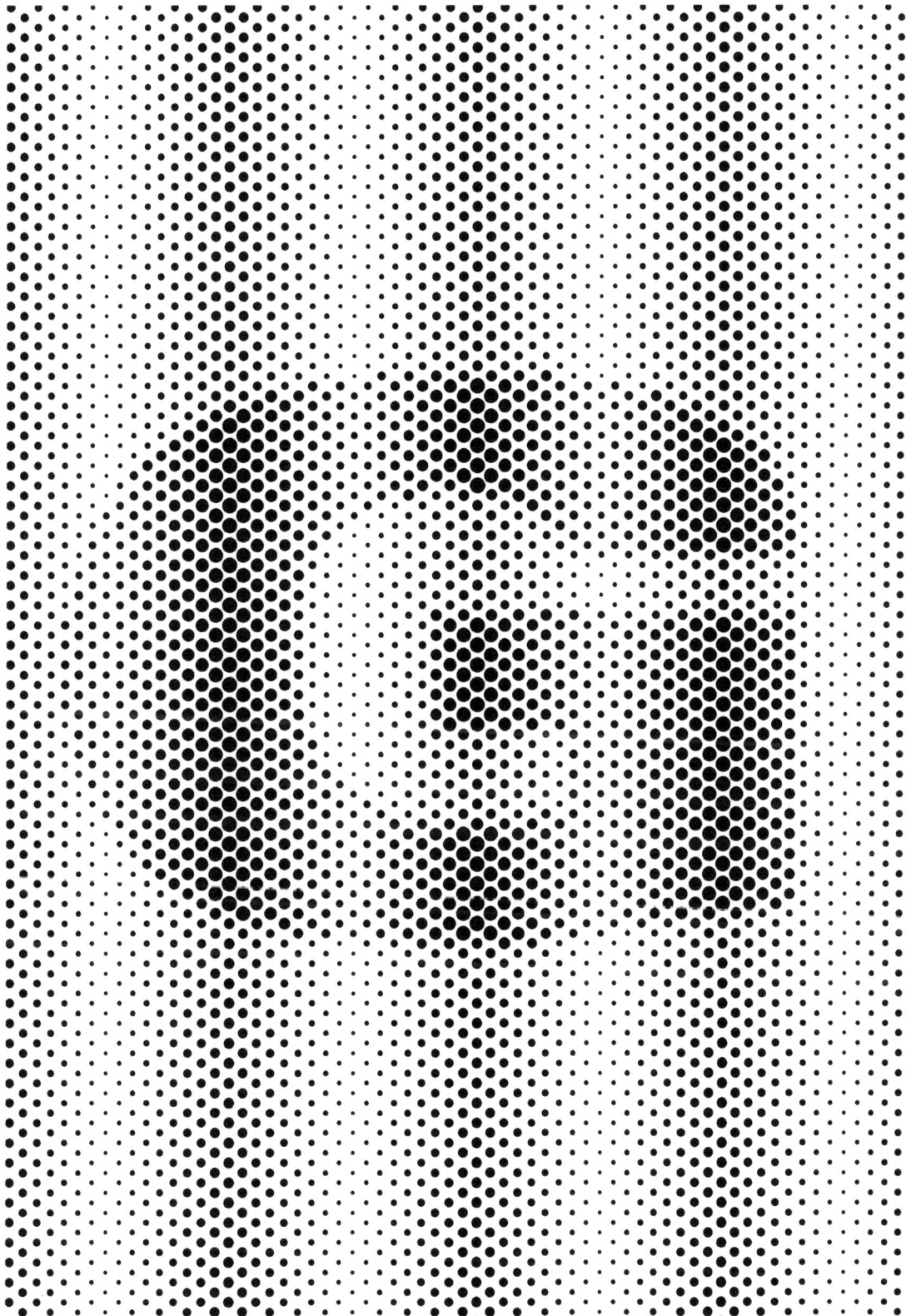

H

Horizon

Cambrer du regard une ligne d'horizon.

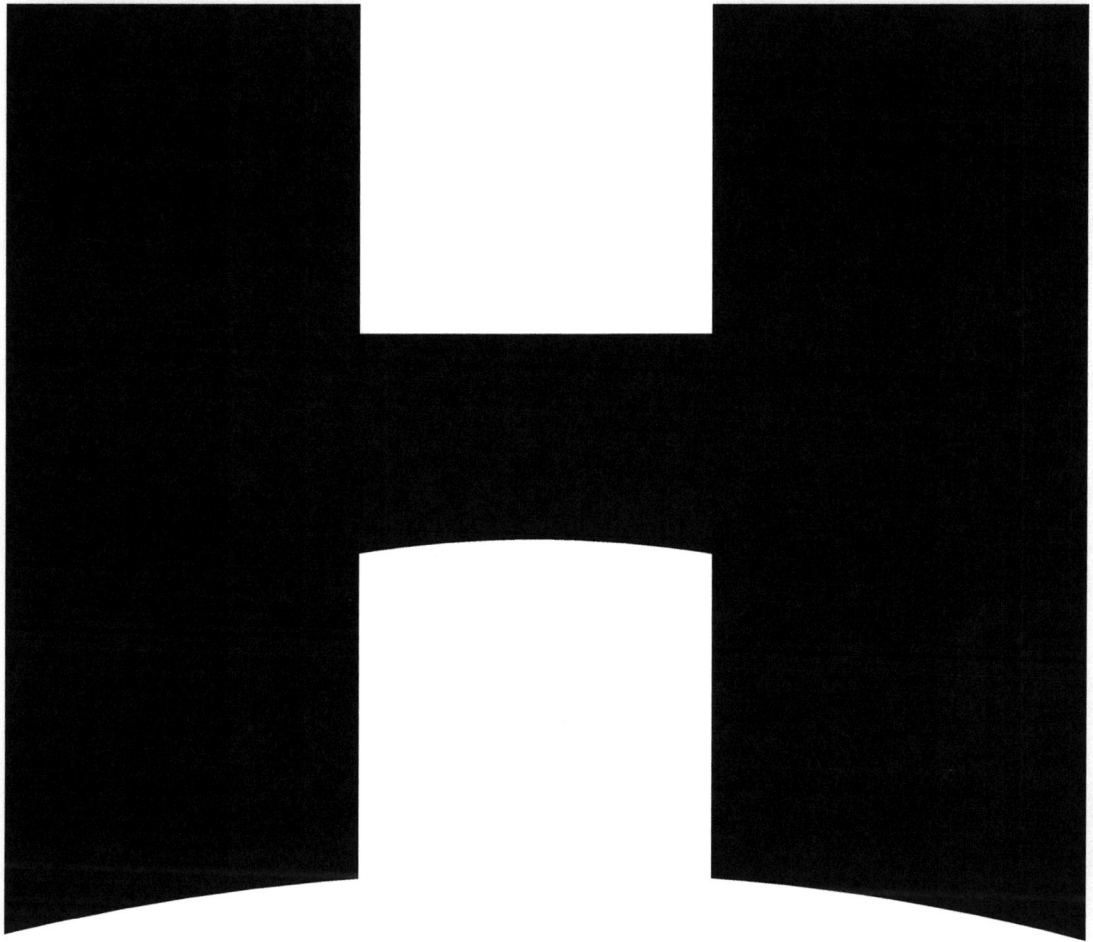

I

Intervalle

Chacun sait qu'il oscille entre l'être et l'autre, puissance de l'intervalle.

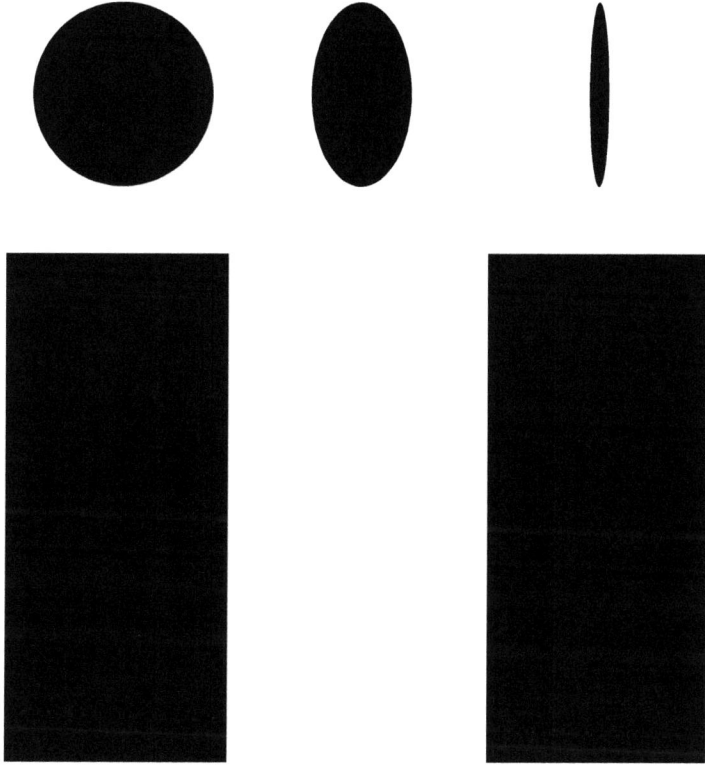

J

Jour

Au nu du mur, la forme d'un jour choisi s'est déplacée.

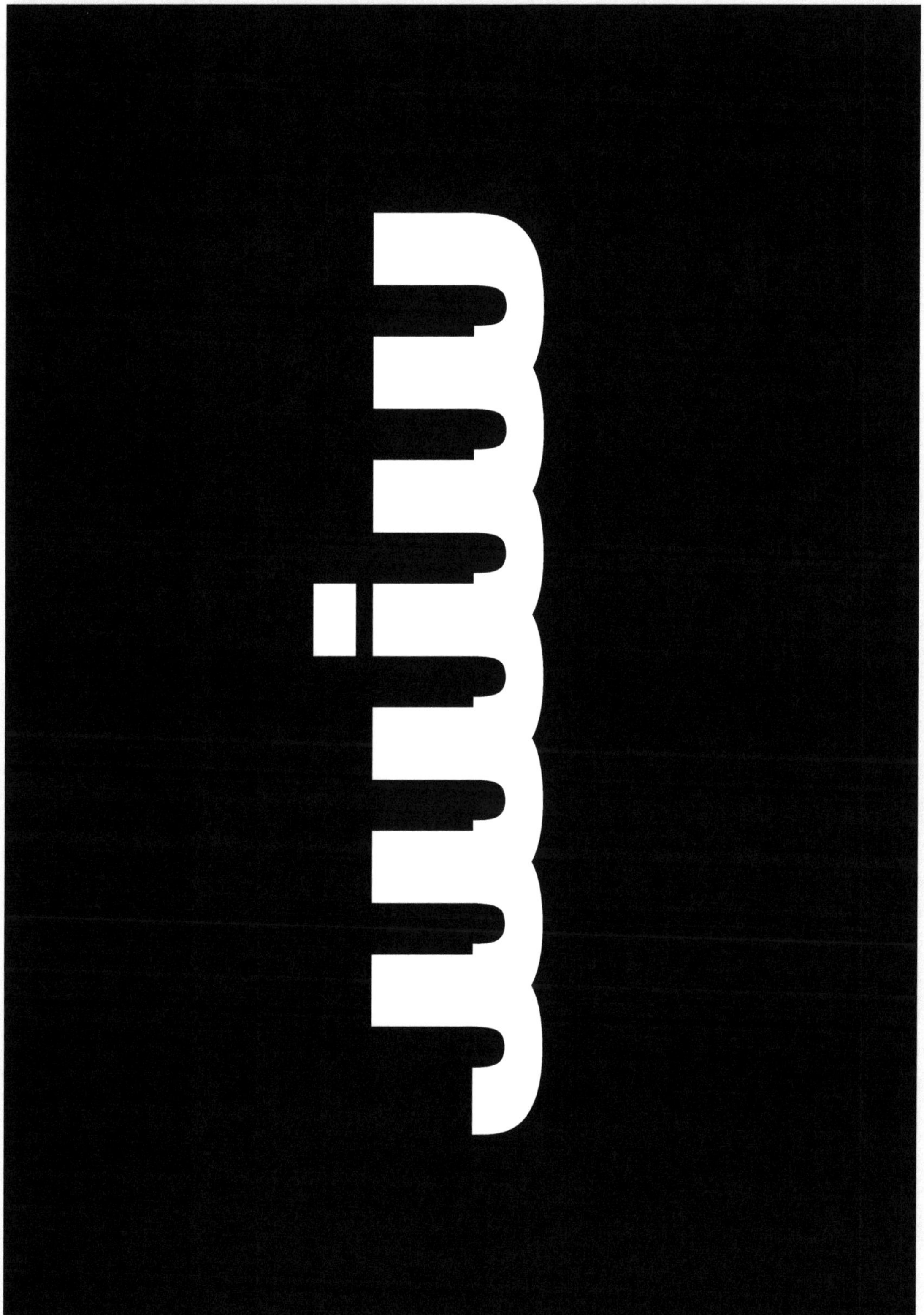

K

Kermès

À flanc de faïence, un chaos de kermès en un bouquet dressé.

L

Lien

Des mots des mailles délivrés en tout lieu de tout lien.

M

Mouvement

Des mouvements s'accomplissent en visant à l'écart le choc de leur retombée.

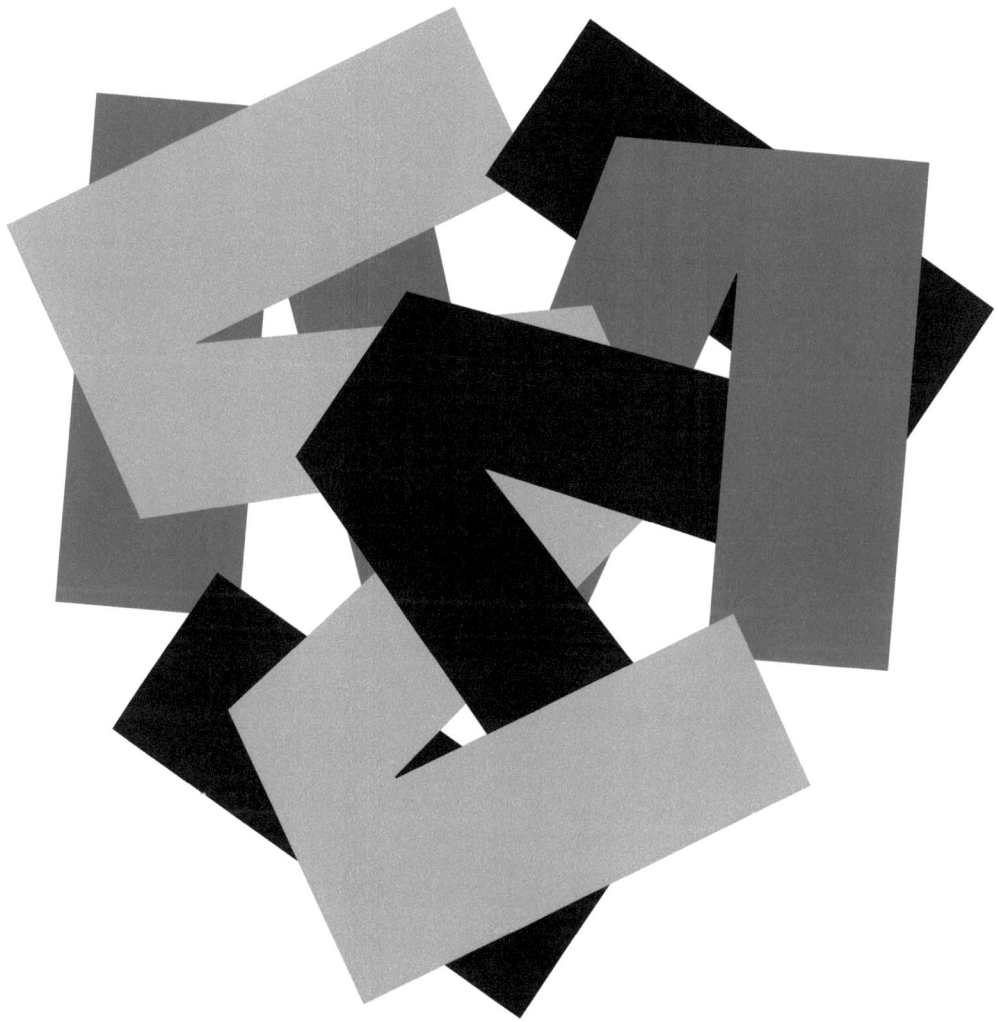

N

Nombre

Par le nombre de ses ombres l'ornement pas.

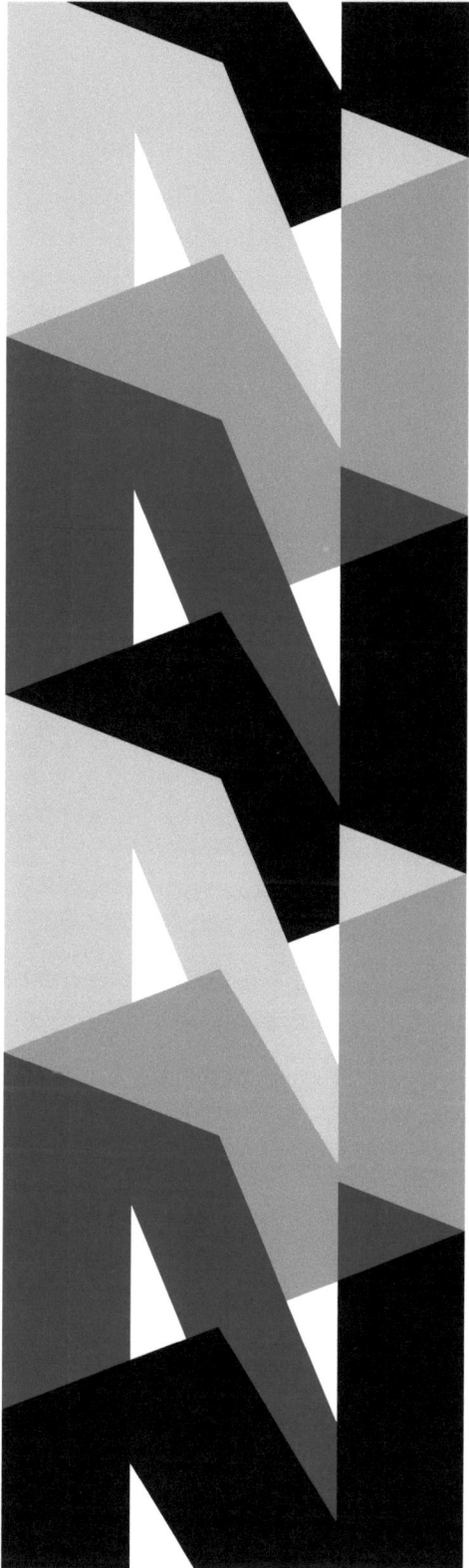

O

Objet

Désir à vif d'objets de vers diserts.

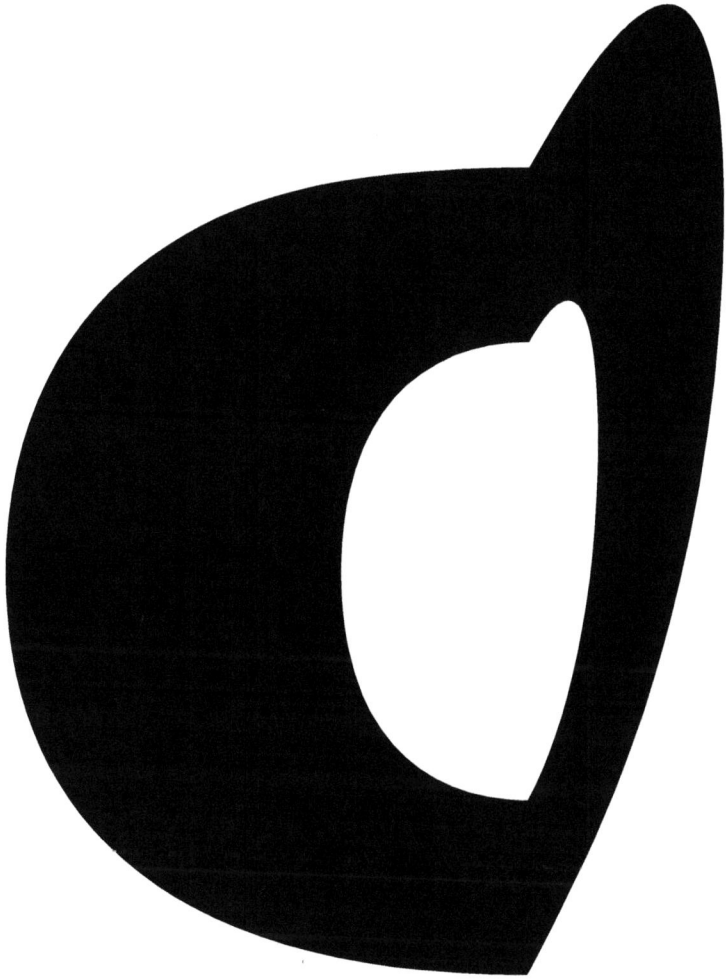

P

Pierre

Depuis un puits rectangulaire, grand de quatre pierres.

Q

Quand

Quand maintes fois peinent à replomber les paroles fendues.

R

Reflet

Maintenir à fleur le reflet des arêtes.

S

Sculpture

Je ne me place jamais devant une sculpture mais toujours à côté.

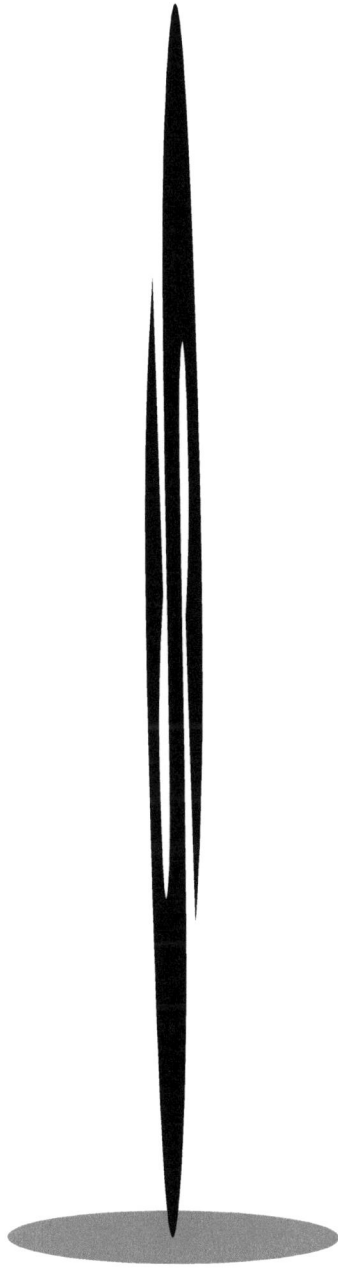

T

Transparence

Reconnaitre en l'autre le reflet de sa propre transparence.

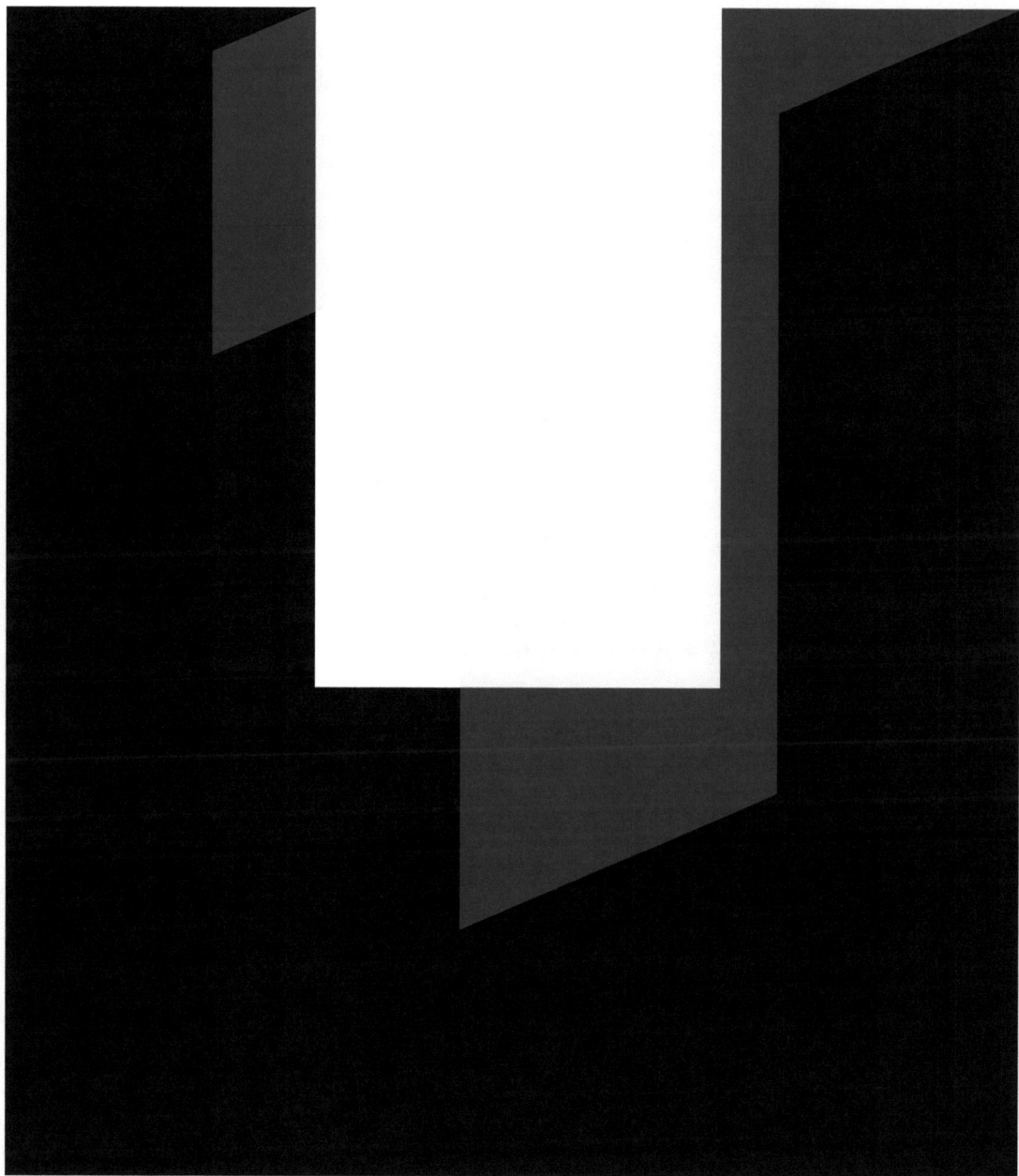

U

Un

L'un défini pour seul motif des reliefs et saillies.

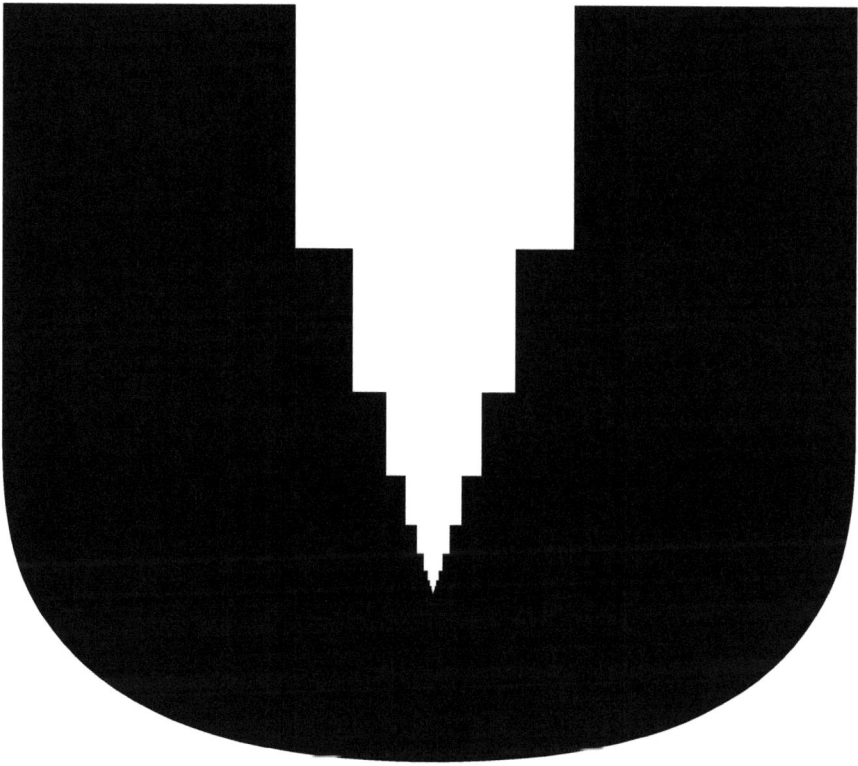

V

Voûte

Sous la voûte des paupières, l'axe blanc d'une verticale.

W

Welt

Aus dem Traum in die Welt, aus der Welt in den Raum.

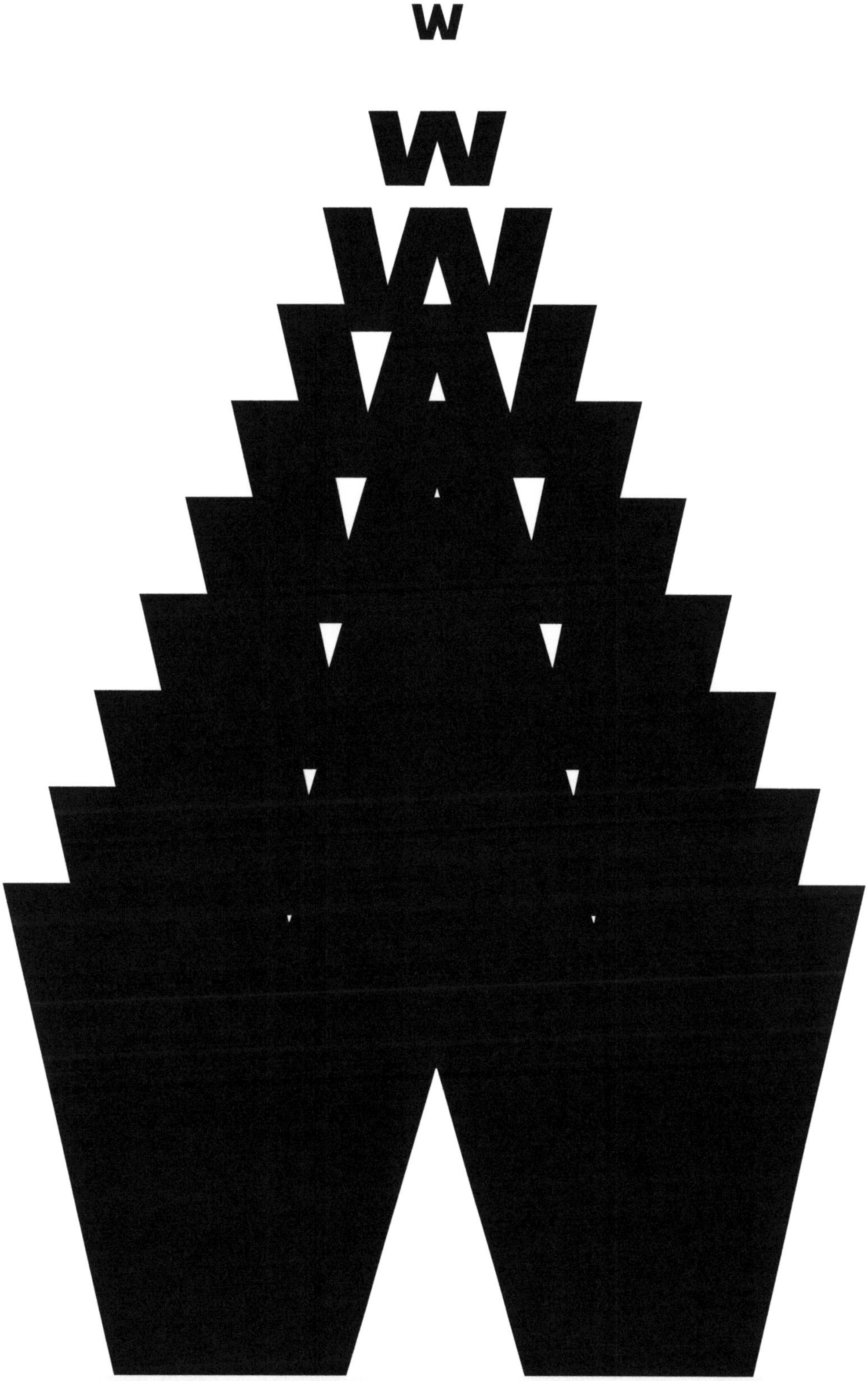
w
W

X

•

L'ABC des euX.

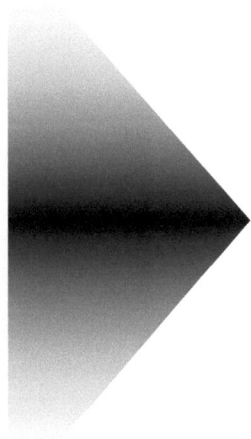

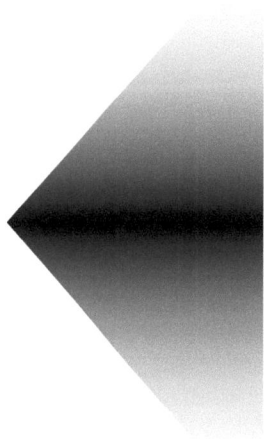

Y

Yeux

Au fond des yeux, le plein du ciel et la peine de ceux qui ne le voit pas.

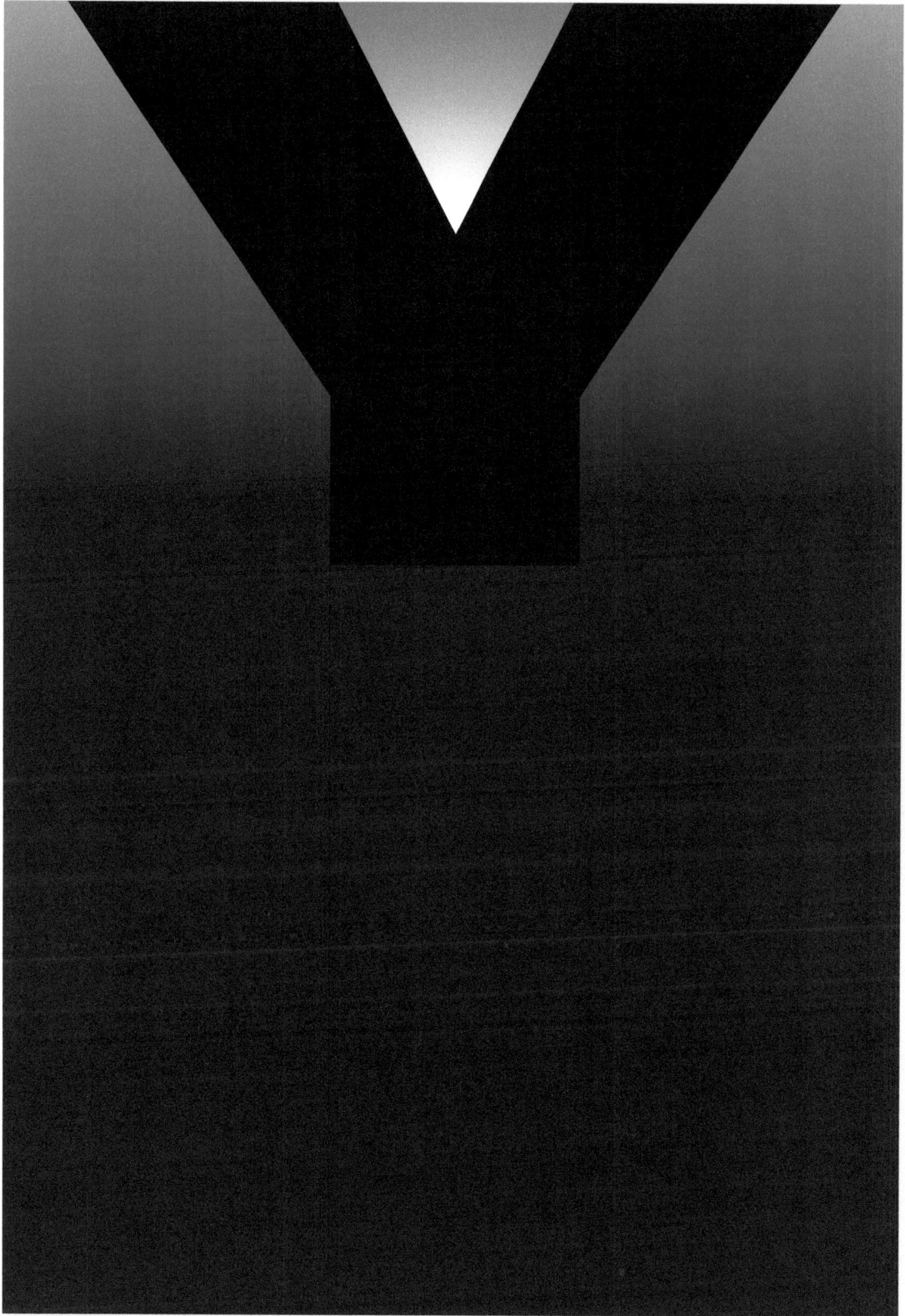

Z

Zinc

Le zinc déhanché des comptoirs en cortège ceint de mots feints.

Chacun sait qu'il oscille entre l'être et l'autre.

Longtemps en trousseau,

au fond d'une poche,

certains mots se sont échappés.

Mots de passe en proche,

ramassés et déposés sur l'établi de Marc Thébault,

en qualité de matériaux.

Leur assemblage forme des énoncés

qui ricochent sur les feuillets des carnets d'atelier.

Réorganisés en un abécédaire,

l'initiale d'un mot choisi

devient objet typographique.

Le plan pleine page, ainsi ouvert par Rudi Meyer

s'affiche et se regarde

comme une possibilité de déploiement du sens.

Marc Thébault (Saint-Brieuc 1957)
À la suite de ses études à l'Uer des Arts de
l'Université de Haute-Bretagne-Rennes 2,
il a été admis à la Jan Van Eyck Akademie
de Maastricht aux Pays-Bas (1985-1987).
Première exposition personnelle à la Städtische
Galerie de Nordhorn (Allemagne) en 1991.
Artiste, curieux des formes et expressions
expérimentales, il conçoit son travail de
sculpture comme une possibilité de suggérer
un espace par un objet.
Ce désir de vouloir traduire la puissance
expressive d'un environnement naturel,
culturel ou domestique, s'exprime notamment
par l'attention portée aux relations entre ombres
et lumières, transparences et reflets, matières
et matériaux. S'y attachent des productions
graphiques – lithographie, typographie,
photographie – et écrits poétiques (Des mots
de passe en proche).
Associé à Carole Ecoffet sous le label ∂cm,
ils développent ensemble des projets artistiques
en lien avec les sciences contemporaines :
publication en 2011 d'« Albus, Alba, Album »
(les éditions de l'Archipel, Mulhouse).
Nouvelle édition 2019, « The Onslaught Press »,
Dundee, UK.
Professeur des ENSA, il enseigne à l'École
nationale supérieure des Arts Décoratifs
de Paris dans le département Art-Espace
depuis 2003.

Rudi Meyer (Bâle 1943)
Elève d'Armin Hofmann et d'Emil Ruder (1959-1963)
à la Allgemeine Gewerbeschule (Ags) de Bâle,
il est diplômé d'état en 1963. Il s'installe à Paris
en 1964.
Son activité professionnelle couvre les multiples
pratiques du design et de la communication
visuelle : signalétique et cartographie, architecture
intérieure et scénographie d'exposition,
identité visuelle et édition, affiches et logotypes,
photographie et typographie, design de produit.
Il enseigne à l'Atelier national de création typo-
graphique (directeur de recherches de 1990 à 1996)
et à l'École nationale supérieure des Arts Décoratifs
à Paris de 1967 à 2005. En 1976 il obtient le Design
Award « IF, International Forum Design »
à Hannovre pour ses montres Lip et un Award
du Type Directors Club à New York en 2005.
Ses affiches figurent notamment dans
la Merril C. Berman Collection à New York,
au Deutsches Plakat Museum à Essen et au Museum
für Gestaltung de Zurich.
En 2009, la Bibliothèque nationale de France
intègre dans ses collections 92 de ses affiches et plus
de 200 productions éditoriales.
Membre de l'Alliance graphique internationale (AGI),
ses travaux sont publiés dans de nombreux pays.

ISBN 978-1-912111-61-9

www.ingramcontent.com/pod-product-compliance
Lightning Source LLC
Chambersburg PA
CBHW040812300326

41914CB00065B/1521